RELATION

D'UN

VOYAGE EN FRANCE

PAR

LE CHEIKH RÉFAA.

PARIS.
IMPRIMERIE ROYALE.

M DCCC XXXIII.

EXTRAIT DU NOUVEAU JOURNAL ASIATIQUE.

RELATION
D'UN
VOYAGE EN FRANCE
(PAR)
LE CHEIKH RÉFAA.

Un des élèves les plus distingués de la mission égyptienne, le cheikh Réfaa, a composé en arabe, pendant son séjour à Paris, une relation de son voyage en France, qui doit être publiée incessamment par l'imprimerie de Boulak. Cet ouvrage, dont l'auteur m'a communiqué le manuscrit et m'a permis de prendre des extraits, pourra contribuer à éclairer ses compatriotes, détruire beaucoup de leurs préjugés, et les engager à venir chercher en Europe les lumières qui leur manquent. Il aura par conséquent pour eux une assez grande importance. Pour nous, à la vérité, il en aura beaucoup moins, car il n'ajoutera rien à nos connaissances; cependant il nous offrira, outre l'intérêt qui s'attache au mérite du style, celui que présente le spectacle tout à fait nouveau d'un Arabe faisant le tableau de Paris, d'un enfant de l'Égypte, cette contrée célèbre dont nos voyageurs et nos savants ont travaillé avec tant de zèle à décrire les mœurs, les usages, les institutions, décrivant à son tour les institutions, les mœurs, les usages de la France moderne, et les jugeant avec l'esprit oriental et les idées musulmanes.

J'ai pensé que, sous ce point de vue, le voyage du cheikh Réfaa pouvait piquer la curiosité des membres de la Société asiatique, et qu'on me pardonnerait d'avoir, par la courte analyse que je vais en donner, fait un instant diversion à des travaux plus sérieux et plus importants.

Réfaa, fils de Seyyid Bèdaoui Rafé de Tahta رفاعة بن السيد بدوي رافع الطهطاوى fit ses études au collége de la mosquée Elazhar (1). Il fut d'abord employé par Mohammed Aly comme prédicateur à l'armée, ensuite envoyé en France avec les jeunes Égyptiens auxquels le pacha voulut faire apprendre les arts et les sciences d'Europe. Avant de quitter sa patrie, il reçut d'un de ses parents et amis le conseil de noter

―――――――――――――――――――――――――

(1) Il applique à cette mosquée célèbre les deux vers suivants:

لازم اذا رمت الفضايل مسجدًا
بشموس انواع العلوم تنور
فيه رياض العلم اينع زهره
فلذلك المعنى يسمّى الازهر

« Si vous voulez acquérir du mérite, fréquentez une mosquée
« qu'illuminent les soleils des connaissances. On y voit éclore les
« fleurs des jardins de la science; c'est pour cela qu'elle est appelée. Elazhar (florissante). »

tout ce qu'il verrait d'intéressant dans son voyage, pour le communiquer à ses compatriotes, et leur donner ainsi une idée d'un pays qui leur est presque inconnu. Réfaa adopta ce projet, persuadé que le goût de Mohammed Aly pour s'instruire des usages des nations européennes lui ferait accueillir ce travail avec faveur.

Son but a été d'exciter les Musulmans à rechercher et cultiver les connaissances qui leur sont étrangères et qui fleurissent en Europe. « Pendant mon « séjour à Paris, dit-il, voyant les Européens jouir « des bienfaits d'une civilisation avancée, je gémissais « de penser que les Musulmans sont privés de tant « d'avantages. » Il promet d'être fidèle à la vérité dans ses récits, et de ne pas craindre de donner son approbation aux choses qui lui ont paru bonnes ; il ne les a considérées comme telles que parce qu'elles ne sont point contraires à la loi musulmane. Cette déclaration était une précaution utile pour prémunir les lecteurs mahométans contre la prévention défavorable qu'ils auraient pu concevoir à l'égard de l'auteur et de ses jugements.

L'ouvrage est intitulé : *Purification de l'or dans la description abrégée de Paris*, تخليص الابريز في تلخيص باريز. Il se compose d'une préface, مقدمة, en quatre chapitres باب ; d'un objet مقصد ou مقصود, en quatre points, مقالة, et d'une conclusion خاتمة, en plusieurs compléments ou appendices, تتمة.

PRÉFACE.

Chapitre I.

Motif de la mission des jeunes Égyptiens en Europe.

L'auteur se livre d'abord à des considérations générales pour prouver à ses compatriotes l'importance des connaissances. Il divise les hommes en trois catégories : celle des sauvages (مرتبة الهمل), tels que certains peuples noirs qui vivent dans l'ignorance, sans lois, comme les bêtes; celle des barbares (مرتبة الخشونة), comme les Arabes du désert, qui ont des lois religieuses, qui connaissent la lecture et l'écriture, mais qui sont grossiers et incultes, et n'ont qu'une idée très-imparfaite des arts; enfin, celle des peuples policés (مرتبة الادب و الظرافة و المعرفة), tels que les Européens, Égyptiens, Syriens, Turcs, Persans, Barbaresques, &c. Ces nations ont une civilisation, des arts, des sciences, des lois, un gouvernement, des commodités de la vie.

Dans cette dernière classe, il est différents degrés. Les Européens tiennent, sans contredit, le premier rang. Les Musulmans se livrent encore aujourd'hui avec succès aux études canoniques et philosophiques (العلوم الشرعية و العقلية), c'est-à-dire à la jurisprudence religieuse et civile, la logique, la métaphysique, &c.; mais depuis longtemps ils ont négligé les sciences positives (العلوم الحكمية), et ils sont maintenant obligés de recourir aux Européens pour apprendre d'eux ces mêmes sciences dans lesquelles ils furent autrefois leurs maîtres. La civilisation des chrétiens, leurs arts, leur tactique, leurs inventions de toute espèce, ont élevé si haut leur richesse et leur puissance, que les Mahométans seraient devant eux comme s'ils n'étaient pas, sans la protection particulière que Dieu, dit l'auteur, accorde à l'islamisme.

Cette considération a frappé Mohammed Aly. Il a voulu rendre à l'Égypte son ancienne splendeur, et faire fleurir les arts sous son gouvernement. Pour atteindre ce but, il a appelé auprès de lui plusieurs Francs instruits, et les a comblés de bienfaits. Le peuple ignorant le blâme de l'accueil qu'il fait à des ennemis de l'islamisme, et ne voit point que les services importants de ces étrangers justifient les faveurs dont ils sont l'objet, puisque c'est à leurs soins que l'Égypte doit des ateliers, des fabriques, des écoles, une armée nombreuse et disciplinée.

Les mêmes vues d'utilité qui ont engagé le pacha à faire venir d'Europe en Égypte des hommes éclairés lui ont inspiré l'idée d'envoyer de jeunes Égyptiens en Europe, pour y acquérir des connaissances, et les naturaliser ensuite dans leur patrie. En général, les Mahométans, par scrupule religieux, n'aiment point à voyager hors des pays où domine l'islamisme. Pour prévenir le blâme des rigoristes, le cheikh Réfaa s'empresse de citer cette parole de Mahomet : اطلب العلم ولو بالصين, allez chercher la science, fût-ce même en Chine. Il ajoute que d'ailleurs il n'y a point de motif pour condamner les voyages dans lesquels la foi du voyageur ne court aucun risque.

Chapitre II.

Sur les diverses branches de connaissances que doivent étudier les élèves de la mission égyptienne.

Les détails que contient ce chapitre sont les mêmes que ceux donnés dans le tome II du nouveau *Journal asiatique*.

Chapitre III.

Aperçus généraux de géographie comparée. — Motifs du choix fait de la France pour y envoyer les jeunes Égyptiens.

L'auteur passe rapidement en revue tous les pays de l'univers d'après les géographes européens. Considérant les différentes parties du monde sous un point de vue religieux et avec l'œil d'un dévot Musulman, il donne la préférence à l'Asie, berceau de l'islamisme et de toutes les religions, patrie des prophètes et des quatre Imams (chefs des quatre rites sonnites), mère des Arabes, la plus noble des nations, terre de la Mekke et de Médine. Il place ensuite l'Afrique à cause du nombre des Musulmans qui l'habitent, des saints personnages qu'elle a produits et de l'avantage qu'elle a de compter l'Égypte parmi ses provinces. Au troisième rang, il met l'Europe, où siége le sultan, chef de la religion mahométane الالمام الاعظم ; les îles de la mer du sud, dont la population est en partie musulmane, sont au quatrième ; l'Amérique infidèle est la dernière.

Mais sous le rapport des connaissances, il donne la

prééminence à l'Europe sur tous les pays du monde ; à la France et à l'Angleterre sur toutes les contrées d'Europe. « Les Français et les Anglais, sont, dit-il,
« les peuples les plus avancés dans les sciences posi-
« tives العلوم الحكمية ; ils ont surpassé les anciens dans
« les sciences physiques et mathématiques, même dans
« la métaphysique et la philosophie. Les deux villes
« les plus remarquables de la chrétienté sont Lon-
« dres et Paris. Cette dernière l'emporte sur la pre-
« mière par la salubrité du climat, la facilité du carac-
« tère des habitants et le bon marché des choses
« nécessaires à la vie. La police s'y fait avec un soin
« qui assure aux étrangers la tranquillité la plus com-
« plète; ils sont en général accueillis avec bienveil-
« lance et traités avec égard, quelle que soit leur reli-
« gion. Les Français sont sur ce point d'une tolérance
« parfaite; toutes les religions sont permises chez eux.
« Ils n'empêcheraient pas plus un Musulman de bâtir
« une mosquée, qu'un Juif d'élever une synagogue.
« Ils aiment même que chacun garde la religion dans
« laquelle il est né. »

Ce sont sans doute ces motifs divers qui ont engagé le pacha à envoyer de préférence, en France, quarante jeunes gens, pour s'y instruire dans les sciences. L'on voit également affluer à Paris des étudiants de tous les pays chrétiens ; il en vient même de l'Amérique.

Chapitre IV.

Sur les chefs de la mission.

Ces chefs, qui ont été secondés par M. Jomard pour la direction des études, étaient au nombre de trois : Abdi éfendi Muhardar, Moustafa Moukhtar éfendi divitdar, et Elhadj Hassan éfendi Eskenderani.

Suivant une opinion accréditée parmi les sectateurs de Mahomet, il se trouve ordinairement un saint dans une réunion de quarante Musulmans. Le cheikh Réfaa croit en reconnaître un dans Hassan éfendi. Pendant la première année du séjour des Égyptiens à Paris, les journaux leur transmettaient des nouvelles affligeantes de la guerre des Turcs et des Russes. Hassan éfendi, plein de confiance dans la Providence, qui ne peut abandonner l'islamisme, conserva toujours la ferme espérance de voir le sultan sortir heureusement de cette lutte. Plusieurs rêves l'assuraient de cette issue. En effet, l'on apprit bientôt le rétablissement des affaires du sultan Mahmoud, et l'événement justifia ainsi cette parole de Mahomet : رويا المؤمن حقّ « Le rêve d'un fidèle croyant est une vérité. » Ceci montre que la foi dans les songes, si répandue chez les Orientaux dans les temps anciens, règne encore aujourd'hui parmi eux.

Ici se termine la préface. L'auteur commence son récit et donne aux matières qu'il va traiter le nom de مقصود, objet principal de l'ouvrage ou sujet.

1ᵉʳ Point (مقالة). — *Voyage du Caire à Marseille.*

Après avoir raconté rapidement le trajet du Caire à Alexandrie, Réfaa se livre à quelques recherches sur cette dernière ville, autrefois si florissante. Sa population qui, au temps de sa splendeur, a été d'environ trois cent mille âmes, est réduite maintenant à douze mille. Cependant l'importance de son commerce et le séjour qu'y fait le pacha, pendant une partie de l'année, la rendent comme une seconde capitale de l'Égypte.

La traversée d'Alexandrie à Marseille, à bord d'un navire de guerre français, n'offre d'intéressant que des détails assez étendus sur la Sicile, le mont Etna, les volcans en général, les causes de leurs éruptions et des tremblements de terre. Retenu pendant quelques jours dans le port de Messine, le voyageur musulman y entendit, pour la première fois, le carillon des cloches ; ces sons chrétiens, proscrits dans les villes mahométanes, lui parurent agréables et lui inspirèrent des vers.

2ᵉ Point. — *Séjour à Marseille.*

Réfaa et ses compagnons prennent à la quarantaine une première idée des mœurs européennes. Les chaises qu'on leur présente pour s'asseoir, la manière dont la table est garnie, les assiettes placées devant chaque convive, dans lesquelles on mange sans porter la main au plat, les fourchettes dont on se sert au lieu de ses doigts, les lits élevés qu'on leur prépare, une foule d'autres usages si différents des usages arabes, sont le sujet de ses premiers récits.

En sortant de quarantaine, il admire la construction des édifices, la largeur des rues, la beauté des magasins. Il s'étonne de voir les femmes paraître sans voile en public, montrer leur visage, une partie de leur gorge, de leurs épaules et de leurs bras, et vaquer presque exclusivement dans les boutiques au soin de vendre les objets de consommation. L'élégant et riche ameublement des cafés, surtout la multitude de glaces dont ils sont décorés et l'effet magique produit par leur reflet, excitent sa surprise.

« La première fois que nous entrâmes dans un de
« ces cafés, dit-il, je crus être dans un grand passage,
« à cause du monde qui s'y trouvait. Lorsqu'il se pré-
« sentait quelques individus, leur image se réfléchis-
« sait et se multipliait de toutes parts dans les glaces;
« on voyait les uns marchant, les autres debout ou
« assis; il semblait que ce café fût une voie publique.
« Je ne reconnus que c'était un lieu fermé, un café,
« qu'en apercevant nos propres images dans les miroirs.
« Je m'imaginai d'abord que c'étaient d'autres Musul-
« mans qui arrivaient; mais, en regardant attentive-
« ment, je reconnus ma figure et celle de mes com-
« pagnons, et je compris qu'il y avait illusion d'op-
« tique. »

3ᵉ Point. — PARIS. — 1ʳᵉ Section. — *Température, topographie.*

Après une digression sur les longitudes, au sujet du

méridien, l'auteur se plaint du climat pluvieux et de la température inégale de Paris, dont cependant il trouve l'air sain. Il décrit les cheminées et les poêles dont on fait usage pour se préserver du froid dans les appartemens. Les cheminées, qu'on ne voit en Égypte que dans les cuisines, sont à Paris un des ornements des salons. On se range en cercle autour d'elles, pendant l'hiver, et l'un des honneurs que l'on fait à un hôte est de le placer près du foyer. Il ajoute, en forme d'épigramme et par allusion au sort qu'il croit destiné aux chrétiens dans l'autre vie : « Il n'est pas « étonnant qu'ils soient portés à s'approcher du feu. « Prions Dieu de nous sauver des flammes de l'enfer. »

Dans le tableau topographique qu'il présente ensuite, il énumère les boulevarts, les portes, les fontaines, les places publiques qui ressemblent, par leur grandeur, à la place de Romeila, au Caire, mais qui en diffèrent beaucoup par leur propreté. En parlant de la Seine, des quais dont elle est bordée, des ponts qui la couvrent, des îles qu'elle forme, il se reporte en idée vers sa patrie, et s'écrie : « Il y a cependant « bien loin de tout cela au Nil, à l'île de Raudha, au « Mekyas ; car rien n'est comparable au spectacle en- « chanteur de Raudha. Quelle différence aussi entre « l'eau du Nil et l'eau de la Seine, sous le rapport du « goût ! &c. L'eau du Nil, si on la clarifiait comme « celle de la Seine, serait un des remèdes les plus « puissants contre les maladies. »

Il cite plusieurs choses utiles qu'il a vues à Paris et qu'il serait bon d'imiter en Égypte, par exemple, l'arrosement des rues et des places, au moyen de tonneaux, pour rafraîchir l'air et abattre la poussière, procédé plus facile et plus prompt que l'arrosement à la main, tel qu'il se pratique dans les villes musulmanes. Il voudrait, surtout, qu'au lieu de transporter l'eau avec des chameaux pour remplir les citernes, comme on le fait au Caire, l'on construisît des conduits semblables à ceux qui alimentent les bains et fontaines de Paris, pour amener l'eau du Nil dans les réservoirs.

IIe Section. — *Habitants de Paris, leur caractère, mœurs*, etc.

« Les Parisiens se distinguent parmi les chrétiens
« par la finesse de leur intelligence, la vivacité et la
« profondeur de leur esprit. Bien différents des Coptes
« naturellement portés à l'ignorance et à l'incurie, ils
« ne sont point serviles imitateurs. Ils aiment au con-
« traire à connaître le fond de tout, à se convaincre par
« des preuves. Les gens du peuple même savent lire et
« écrire; ils pensent et approfondissent les choses, cha-
« cun suivant ce que permet sa position. On a composé
« des ouvrages sur toutes les sciences, sur tous les
« arts, même les moins libéraux, comme l'art culi-
« naire, &c., ce qui rend la lecture nécessaire à cha-
« que artisan pour acquérir une connaissance com-
« plète de son état. Tout individu qui exerce une
« industrie désire créer quelque chose dont personne
« n'ait eu l'idée avant lui, ou du moins perfectionner
« ce que d'autres ont inventé. Cette disposition est
« développée chez eux, tant par l'amour du gain que

« par la vanité et l'ambition de se faire un nom.
« Les Parisiens sont curieux et passionnés pour les
« nouveautés; ils aiment le changement en toutes
« choses, particulièrement dans la manière de s'ha-
« biller. Leurs modes varient sans cesse; aucune n'a
« pu se conserver chez eux jusqu'à ce jour. Je ne veux
« pas dire par là qu'ils changent totalement leur cos-
« tume, mais qu'ils y apportent des modifications.
« Ainsi, ils ne quittent pas le chapeau pour le turban,
« seulement ils adoptent tantôt une forme de cha-
« peau, tantôt une autre. Ils sont actifs et alertes; on
« voit les personnages les plus considérables marcher
« à pas précipités dans les rues, comme les moindres
« particuliers. Ils aiment les étrangers et recherchent
« leur société, surtout si ces étrangers ont une mise
« riche et soignée. L'accueil qu'ils leur font provient
« en partie de leur curiosité naturelle, de leur pen-
« chant à s'instruire de l'état des diverses contrées et
« des mœurs des autres peuples. Ils ne sont philan-
« thropes qu'en paroles; à la vérité, ils ne refusent
« pas à leurs amis ce que ceux-ci leur demandent à
« titre d'emprunt; mais ils ne donnent qu'avec la
« certitude de recevoir. Ils sont en réalité plutôt ava-
« res que généreux. La générosité est l'apanage des
« Arabes. » (A)

Les sentiments de résignation que les Orientaux puisent dans leurs idées religieuses rendent les suicides fort rares parmi eux. Aussi le cheikh Réfaa s'étonne-t-il de voir les exemples de cette malheureuse manie si fréquents chez les Parisiens. Il termine la peinture de leur caractère en louant leur fidélité à leur parole et leur éloignement pour un vice honteux trop commun parmi les Orientaux.

Son jugement sur les Françaises est tel qu'on devait l'attendre d'un observateur musulman. La liberté dont jouissent les femmes à Paris contraste trop fortement avec l'état de contrainte dans lequel sont retenues les Mahométanes, pour ne pas choquer la sévérité d'un docteur de l'islamisme. On ne sera donc pas surpris si le cheikh Réfaa trouve les Parisiennes peu modestes, et blâme les maris de leur peu de jalousie. En revanche, il vante la beauté et les grâces des dames, le charme de leur conversation et de leurs manières.

Il expose ensuite quelques idées sur la langue française, et s'attache à détruire, chez ses compatriotes, cette opinion que la science du langage n'existe que chez les Arabes. Il leur dit que la langue française et toutes les langues européennes sont soumises à des règles dont la connaissance constitue la science grammaticale, que chacune à son *sarf* et son *nahou* particulier; que quand un homme est instruit dans les principes de sa langue, il acquiert par là une grande facilité pour apprendre les langues étrangères. Il cite pour exemple un savant français, M. de Sacy, qui s'est fait une haute réputation comme orientaliste, et qui possède surtout la connaissance la mieux approfondie de l'arabe et du persan, qui a traduit en français beaucoup d'auteurs arabes, a expliqué plusieurs fois le commentaire de Beïdaoui, &c. ; il donne enfin pour échantillon du style de M. de Sacy en arabe, la préface de son *Hariri*, dont il fait un juste éloge.

Amateur du style figuré et hyperbolique de la poésie arabe, et poëte lui-même, l'auteur n'accorde qu'une faible estime à notre poésie. La sévérité de notre goût lui paraît de la froideur, et notre littérature n'obtient de lui que l'épithète de *passable* العلوم الادبية الفرنساوية لا باس فيها.

IIIe Section. — *Du gouvernement français.*

Le cheikh Réfaa fait connaître brièvement, mais avec clarté, notre constitution politique. Il traite du roi, de la chambre des pairs, de celle des députés, des ministres, du conseil d'État, &c., et donne en entier la Charte traduite en arabe. Il admire beaucoup nos institutions. L'égalité de tous les citoyens devant la loi lui semble une preuve évidente du règne de la justice parmi nous et de l'avancement de notre civilisation.

هى من الادلّة الواضحة على وصول العدل عندهم الى درجة عالية وعلى تقدمهم فى الاداب الحضرية

La sécurité que nos lois procurent aux gouvernés contre les vexations et les avanies de la part des gouvernants est à ses yeux un bienfait inappréciable. Il approuve aussi la publicité donnée par les journaux à tous les actes de l'autorité et aux faits importants. Il loue ces avantages avec d'autant plus de confiance, qu'il ne voit rien dans la religion mahométane qui s'oppose à l'adoption de ces institutions parmi les Musulmans.

ive Section. — *Maisons, leur construction, leur ameublement.*

L'auteur remarque qu'à la différence de ce qu'on observe en Orient, tout ce qui meuble les maisons des riches à Paris, et même le palais du roi, les objets de luxe en général, sont moins précieux par la matière que par la perfection du travail.

v^e Section. — *Nourriture des Parisiens, leurs usages de table.*

On sait que les Musulmans attachent beaucoup d'importance à la manière dont sont tués les animaux destinés à la consommation. Il faut, pour qu'un Mahométan fidèle puisse en manger sans scrupule, qu'ils aient été égorgés suivant certaines règles. Le cheikh Réfaa a voulu connaître par ses propres yeux comment on les immole à Paris; et, pour être à même de donner à ses co-religionnaires des détails précis à ce sujet, il a assisté à la mort de ces différentes victimes de notre appétit, excepté cependant du cochon, animal trop immonde pour exciter son intérêt.

vi^e Section. — *Habillement.*

La simplicité et la propreté de notre costume, surtout l'usage général chez nous de porter des chemises et d'en changer plusieurs fois par semaine, paraissent à l'auteur mériter d'être imités par les Arabes. Il dépeint l'habillement des femmes parisiennes, les corsets dont elles se serrent la taille, et ajoute qu'elles ont beaucoup de secrets de coquetterie. On peut dire que les femmes arabes n'en ont pas moins; car si les moyens qu'elles emploient pour rehausser leur beauté nous paraissent plus propres à les défigurer qu'à les embellir, il n'est pas moins vrai que c'est le désir de plaire qui les engage à se peindre la paume des mains, le bout des doigts et les ongles en couleur rouge-clair avec le Hennè (حنّا), les paupières, les lèvres et les gencives, en noir, avec une préparation d'antimoine (كحل), et à se tatouer différentes parties du corps (وشم دقّ). Certains termes de la langue arabe, comme le mot الجازة (1), prouvent aussi que les coquettes bedouines connaissent d'autres artifices moins apparents.

VIIe Section. — *Lieux d'amusement et de plaisir.*

L'auteur donne la description d'une salle de théâtre et de la manière dont on y joue une pièce. Il compare les acteurs et les actrices aux almés (عوالم) d'Égypte, et le spectacle au خيال ظلّ, espèce d'ombres chinoises, en observant toutefois que nos acteurs sont bien supérieurs aux almés, et nos spectacles bien au-dessus du خيال ظلّ.

Voici ce qu'il dit des bals et des sociétés : « Un bal

---

(1) Suffultura quâ mulier mentitur magnitudinem natium (Golius).

« est une réunion d'hommes et de femmes dans une
« salle éclairée par une infinité de lumières, et gar-
« nie de siéges destinés particulièrement aux dames.
« Les hommes ne s'asseyent que quand toutes les
« femmes sont placées. Si une femme entre, et qu'il
« ne se trouve aucun siége vacant, un homme se lève
« et lui donne le sien. Les femmes sont toujours trai-
« tées, dans les réunions, avec plus d'égards que les
« hommes...... La danse chez les Français n'est pas
« réservée aux femmes; les hommes s'y livrent comme
« elles. C'est chez eux un art qui fait en quelque sorte
« partie des belles manières et du savoir-vivre. Aussi
« elle ne sort jamais des bornes de la décence. En
« Égypte, c'est un talent que les femmes seules culti-
« vent, parce qu'il a pour but d'exciter les désirs. A
« Paris, au contraire, la danse est simplement un
« sautillement d'une certaine espèce, auquel ne se
« mêle aucune intention impudique. Chaque cavalier
« invite une dame pour danser avec elle. Lorsque la
« danse est terminée, un autre cavalier invite la même
« dame pour une autre danse..... Il en est une sorte
« particulière dans laquelle le cavalier a le bras passé
« autour de sa danseuse. Souvent il tient sa taille dans
« ses deux mains, tant elle est fine. Enfin, toucher
« une femme quelle qu'elle soit n'est pas une chose
« blâmable chez ces chrétiens. Plus un homme parle
« aux femmes avec grâce et sait leur donner des
« louanges, plus il est réputé poli et bien élevé. » (B)

Dans la VIIIe section consacrée à l'hygiène, le cheikh
Réfaa fait connaître nos bains, qu'il trouve plus dé-

cents, mais moins agréables et moins salutaires que ceux d'Égypte. Dans la IXe, il traite du zèle des Parisiens pour les sciences médicales, du grand nombre de médecins qu'on voit à Paris : « C'est au point, dit-il, « que si un individu est frappé d'un mal dans la rue, « il se rencontre à l'instant plusieurs hommes de l'art « pour lui porter secours. » Il parle ensuite des maisons d'accouchement, des hôpitaux, de la chirurgie, pharmacie, chimie, du magnétisme animal, de l'orthopédie, de la rhinoplastie, &c., enfin, de l'Académie de médecine, du but de son institution, et des travaux auxquels elle se livre.

La Xe section, *Œuvres de charité*, contient d'amples détails sur les établissements de bienfaisance, tels que l'Hôtel-Dieu, les hospices des enfants trouvés, des vieillards, des aveugles, l'hôtel des invalides, les bureaux de charité, les secours aux noyés, &c. « Le « grand nombre des hospices et des associations cha- « ritables qui existe à Paris supplée, dit l'auteur, à « la bienfaisance individuelle qui manque aux Pari- « siens; car ils repoussent souvent le mendiant et lui « adressent même des reproches. Ils prétendent que « le pauvre ne doit jamais mendier, parce que, s'il « peut travailler, il n'a pas besoin d'aumône, et que, « s'il est infirme, les maisons de secours lui sont ou- « vertes. »

L'on voit que Réfaa, pour ne pas se trouver en contradiction avec l'opinion émise par lui précédemment, que la générosité est une vertu particulière aux Arabes, fait une distinction assez subtile entre les individus et le public. Il dit en terminant l'énumération des établissements de bienfaisance, à Paris : « Il « résulte de tout cela que les œuvres de charité sont « plus nombreuses en cette ville qu'ailleurs de la part « du public ou de l'État, mais non de la part de cha- « que individu suivant ses facultés... C'est que, chez « les Parisiens, la générosité n'est point une qualité « naturelle du cœur, mais une mesure d'économie po- « litique dont le but est la prospérité du pays. »

XIe Section. — *Industrie.*

La banque du gouvernement, les banques particulières, compagnies d'assurance, manufactures, l'exposition des produits de l'industrie, l'école de commerce, attirent successivement son attention. Il vante, comme très-favorables au développement des relations commerciales, l'institution de la poste aux lettres, les annonces imprimées, les canaux, machines à vapeur, établissements de roulage et diligences. Il accorde une mention aux fiacres, cabriolets à l'heure et à la course, et même aux omnibus. Ces divers moyens de transport dans l'intérieur de Paris remplacent avec avantage les ânes sellés et bridés qui stationnent sur quelques places du Caire et de plusieurs autres villes de l'Orient, et sont à la disposition des personnes affairées.

Le cheikh Réfaa voit deux causes de la richesse des Parisiens : l'activité avec laquelle ils se livrent au commerce, sans que la pluie, ni le vent, les empêche de vaquer à leurs occupations, ensuite l'économie dont ils ont fait une science, et sur laquelle ils ont écrit différents traités. Un ministre, chez eux, n'a pas plus de dix ou douze domestiques. S'il marche dans la rue, on ne le distingue pas d'un simple particulier. Il restreint, autant que possible, sa dépense et le nombre de ses gens, tandis que chez les Musulmans un soldat a quelquefois plusieurs serviteurs.

XIIe Section. — *Religion des Parisiens.*

Il y a à Paris des protestants et des juifs; mais la religion dominante est le catholicisme. Cependant les Parisiens n'ont guère de catholiques que le nom; car ils ne suivent pas exactement les préceptes de cette religion; ils ne jeûnent pas lorsqu'ils le devraient, et ont peu de considération pour leurs prêtres. Les Français, en général, apprécient le bien et le mal, non d'après les maximes des livres saints, mais d'après les lumières seules de la raison. هم من الفرق التى تعتبر التحسين والتقبيح العقليين. Ils rejettent tout ce qui est surnaturel et contraire aux lois de la physique. Ils pensent que les diverses religions n'ont pour objet que d'engager les hommes à éviter le mal et à faire le bien. Cette opinion est une des causes de leur tolérance.

XIIIe Section. — *Avancement des Parisiens dans les sciences, arts, etc., etc.*

Les connaissances sont parvenues à Paris au plus haut degré (اوج). « Les Français excellent dans les « sciences pratiques, et possèdent également à fond les « sciences spéculatives. Seulement ils ont certaines « croyances philosophiques que la raison d'autres peu-

« ples ne saurait admettre. Mais ils les soutiennent si
« bien et les parent de couleurs si spécieuses, qu'elles
« semblent fondées sur la réalité. Dans l'astronomie,
« par exemple, ils sont fort savants, et le secours des
« instruments qu'ils ont inventés les a rendus supérieurs
« aux anciens. Mais ils ont mêlé à cette science quel-
« ques idées hérétiques, contraires aux livres saints,
« comme l'assertion du mouvement circulaire de la
« terre, &c. Ils appuyent ces opinions de preuves qu'il
« est difficile de réfuter. Je citerai plusieurs de leurs
« paradoxes, et je les signalerai au lecteur dans l'occa-
« sion. Je dirai seulement ici que les ouvrages scientifi-
« ques sont remplis de paradoxes de ce genre. Le Mu-
« sulman qui veut étudier les livres français doit donc
« s'attacher fortement au texte du Coran et aux tradi-
« tions religieuses, pour se garantir de la séduction et
« ne point laisser ébranler sa croyance. Sans cette pré-
« caution, il s'expose à perdre sa foi. » (C)

Les Français ont en général une teinture de toutes les connaissances. Leur goût naturel pour apprendre est favorisé par la clarté et la facilité de leur langue. En France, lorsqu'on dit d'un homme, C'est un savant, cela ne signifie pas, comme chez les Musulmans, qu'il est instruit dans sa religion, mais qu'il s'est distingué dans une science quelconque. Il ne suffit pas non plus, parmi les Français, d'être professeur, ou auteur d'un livre, pour être qualifié de savant. Ce titre ne s'acquiert chez eux que par des connaissances profondes en plusieurs genres, et souvent, en outre dans une spécialité particulière.

Après différentes observations semblables que je supprime pour ne pas être trop prolixe, l'auteur s'occupe des établissements d'instruction, académies, colléges, pensions, &c., des bibliothèques publiques et particulières, et notamment de la bibliothèque royale, où il a eu le plaisir de voir des Corans précieusement conservés. Il cite plusieurs de nos sociétés savantes et littéraires, parmi lesquelles il n'a pas oublié la Société asiatique et celle de géographie. Il parle des musées, des cabinets de minéralogie, d'antiques, d'anatomie, &c., de l'observatoire, du conservatoire des arts et métiers, enfin, du jardin des plantes consacré aux études botaniques et à l'histoire naturelle. Il dit qu'on y cultive toutes sortes de plantes et d'arbres étrangers, entre autres des palmiers, qui, à la vérité, ne portent point de fruits.

Les Arabes pensent que le palmier ne croît que dans les pays musulmans. Cette croyance est fondée sur l'autorité de Cazouini qui dit, en parlant du palmier : « C'est un arbre béni et extraordinaire. Un des « phénomènes qu'il présente, c'est qu'il ne croît que « dans les contrées mahométanes. » Le cheikh Réfaa réfute cette opinion et apprend à ses compatriotes que les Espagnols, lors de la découverte de l'Amérique, y trouvèrent des palmiers. Il aurait dû remarquer que les palmiers forment une famille nombreuse, et que le palmier d'Amérique n'est pas identique avec le palmier des Arabes. Ce dernier, qui s'appelle proprement dattier, est en effet originaire des pays sur lesquels l'islamisme s'est répandu, et ne prospère point ailleurs. C'est un fait d'histoire naturelle qui tient à des conditions de température et de position géographique. En ce sens, l'opinion des Arabes n'est pas dénuée de fondement.

Parmi les animaux vivants ou empaillés que renferme le jardin des plantes, l'auteur a cru voir le *bakar ouahch* (بقر وحش), sorte d'antilope peu connue, dont il est fait souvent mention dans les poésies arabes. Je soupçonne qu'il y a eu erreur de sa part, et qu'à l'époque de son séjour en France il n'existait pas à Paris d'individu de cette espèce. Il en est arrivé un dernièrement que l'on peut voir maintenant au jardin des plantes. Il a été envoyé, avec d'autres animaux, par l'empereur de Maroc.

4e Point.

Cette partie de l'ouvrage est consacrée à donner un aperçu de chacune des diverses sciences que les jeunes Égyptiens sont venus étudier en France.

Ces sciences sont de deux sortes. Les unes, telles que l'arithmétique, la géographie, la géométrie, l'histoire, doivent être enseignées à tous les élèves; les autres doivent faire l'objet des études particulières de chacun d'eux. Le premier travail imposé à la totalité des élèves était, naturellement, d'apprendre la langue française.

Le cheikh Réfaa, après quelques considérations générales sur le langage, établit une comparaison entre la grammaire française et la grammaire arabe; il donne ensuite un traité abrégé d'arithmétique, qui comprend les premiers éléments de géométrie et la cosmographie. En décrivant le système du monde suivant les auteurs modernes européens, il expose les raisons qui portent nos astronomes à croire que la terre tourne, et ajoute :

« Un savant européen a prétendu que l'assertion
« du mouvement circulaire de la terre et de sa forme
« arrondie n'est point contraire aux saintes écritures.
« En effet, dit-il, les livres saints, parlant de ces choses
« dans des passages où il s'agissait de donner aux
« hommes une instruction morale, ont employé des
« termes conformes à l'apparence des phénomènes
« et non à l'exactitude scientifique. Ainsi il est dit dans
« l'écriture que Dieu arrêta le soleil; cela signifie qu'il
« retarda le moment où cet astre disparaît aux yeux, effet
« produit en réalité par la suspension du mouvement
« de la terre. Le livre saint s'exprime comme si le so-
« leil lui-même eût été arrêté, parce que c'est le soleil
« qui semble à l'œil avoir un mouvement. » (D)

Cette interprétation paraît bien hardie au cheikh Réfaa; mais, comme il sent la supériorité de nos connaissances astronomiques sur celles des Arabes, et l'impossibilité de les répandre parmi ses compatriotes, sans adopter notre système, il se résigne à marcher dans cette voie, dont cependant il croit devoir signaler encore les dangers aux lecteurs musulmans.

Ces traités d'arithmétique et de géographie doivent être suivis de plusieurs autres qui n'étaient point achevés lorsque le manuscrit de l'auteur m'a été communiqué. Ils auront pour objet l'histoire, la médecine, la chimie, la mécanique, l'histoire naturelle, le génie, l'économie politique, &c., enfin, les diverses branches de connaissances à l'étude desquelles se livre la mission égyptienne. Cette partie de l'ouvrage, qui formera une espèce d'encyclopédie abrégée à l'usage des Arabes, sera sans doute pour eux la plus instructive ; elle ne peut guère avoir pour les orientalistes européens que le mérite des expressions par lesquelles les termes scientifiques auront été traduits.

L'analyse que je viens de donner du travail du cheikh Réfaa suffit, je crois, pour montrer que le but de son ouvrage et la manière dont il est composé ne sont point indignes d'attirer l'attention des personnes qui s'intéressent aux progrès de la civilisation chez les Musulmans. L'auteur ne manque pas du talent d'observation, et l'on voit qu'il a su mettre à profit son séjour en France, sans que son esprit cependant ait perdu son cachet oriental (1).

Je joins ici, comme échantillons du style du cheikh Réfaa, les textes de plusieurs passages traduits dans cette analyse.

(A) اعلم ان الباريزيين يختصون من بين كثير من النصارى بذكا العقل ودقة الفهم وغوص ذهنهم فى

---

(1) Déjà plusieurs fois il a été question de l'auteur de cette relation dans ce journal, voyez tom. II, pag. 104, 108, 112, &c. Le cheikh Réfaa est dans ce moment directeur d'une école spéciale établie aux environs du Caire, pour la géographie, l'histoire universelle et les mathématiques. Cette école est annexée au collége de médecine et de chirurgie d'Abou-zabel. Le nombre des élèves ne peut manquer de s'accroître. D'un autre côté le cheikh Réfaa se dispose à mettre sous presse un traité de minéralogie populaire, traduit du français. (*Note du rédacteur.*)

(29)

التعويضات وليسوا مثل النصارى القبطة فى انهم يميلون بالطبيعة الى الجهل والغفلة وليسوا اسراء التقليد اصلاً بل يحبون دايمًا معرفة اصل الشى والاستدلال عليه حتى ان عامّتهم ايضًا يعرفون القراة والكتابة ويدخلون مع غيرهم فى الامور العميقة كل انسان على قدر حاله   وساير العلوم والفنون والصنايع مدوّنة فى الكتب حتى الصنايع الدنية كالطباخة وغيرها فيحتاج الصنايعى بالضرورة الى معرفة القراة والكتابة لاتقان صنعته

وكل صاحب فن من الفنون يجب ان يبتدع فى فنه شيا لم يسبق به او يكمل ما ابتدعه غيره   وممّا يعينهم على ذلك زيادة عن المكسب حب الريا والسمعة ودوام الذكر ونحو ذلك   ومن عادة الباريزيين حب التنسّط والتنوع يساير الاشيا الجديدة   وحب التغيير والتبديل فى جميع الامور خصوصًا فى امر الملبس فانه لا قرار له عندهم ولم تقف لهم الى الان عادة فى التزيى وليس معنى هذا انهم يغيرون ملبسهم بالكلية بل معناه انهم يتنوعون فيه مثلاً لا يغيرون لبس البرنيطة ولا ينتقلون منها الى المعامة وانما هم تارة يلبسون البرنيطة على شكل ثم بعد زمان ينتقلون منه الى شكل اخر سوا فى صورتها او لونها   ومن طباعهم الشطارة والخفة فان

(30)

الرجل الكبير صاحب القيمة قد تراه يجرى فى السكسة الصغير ومن خصايلهم محبة الغريب والميل الى معاشرتهم خصوصًا اذا كان الغريب متجملا بالثياب النفيسة وانما يحملهم على ذلك ايضًا البسط والتشوق الى السؤال عن احوال البلاد وعوايد اهلها وليس عندهم المواساة الا بافواههم لا غير الا انهم لا يمنعون عن اصحابهم ما يطلبون استعارته لا هبته الا اذا وثقوا بالمكافاة وهم فى الحقيقة اقرب للبخل منهم للكرم والسخى هو الاكرم فى العرب ۰

(B.) والبال دايما مشتمل على الرجال والنسا وفيه وحدات عظيمة وكراسى للجلوس والغالب ان الجلوس هو للنسا ولا يجلس احد من الرجال الا اذا استكفت النسا واذا دخلت امراة على اهل المجلس ولم يكن كرسى شاغلا قام لها رجل وأجلسها فالدنى دايما فى المجالس معظمة اكثر من الذكر والرقص عندهم ليس من خصوصيات النسا بل يرقص الرجال والنسا والرقص عندهم فن من الفنون وكانه نوع من العياقة والشلبنغة فلذلك كان دايما غير خارج عن قوانين الحيا بخلاف الرقص فى ارض مصر فانه من خصوصيات النسا لانه لتقويم الشهوات وفى باريز فانه نط مخصوص لا يشتم منه وايحة العهر ابدا وكل

(31)

انسان يعزم من المجلس امراة ليرقص معها فاذا فرغ الرقصة عزمها اخر للرقصة الثانية · وقد يقع ان من الرقص رقصة مخصوصة يرقص الانسان ويده فى خاصرة من ترقص معه واغلب الاوقات يمسكها فى فنرى يديه لدقتها و بالجملة فس المراة ايتها كانت غير عيب عند هولاء النصارى وكلها حسن خطاب الرجل مع النسا ومدحه لهن عد ذلك من الادب

(C) نقول ان ساير الفنون العملية التي يظهر اثرها بالتجاريب فمعرفة هولا للحكما بها ثابتة واتقانها عندهم لانزاع فيه واغلب العلوم النظرية ايضا فانها معروفة لهم غاية المعرفة ولكن لهم بعض اعتقادات فلسفية خارجة عن قانون العقل بالنسبة لغيرهم من الامم غير انهم يموهونها ويقوونها حتى يظهر للانسان حقيقتها كا فى علم الهيئة مثلا فانهم محققون فيه واعلم من المتقدمين بلا شك بسبب اختراعهم الالات غير ان لهم فيه حشوات ضلالية مخالفة لساير الكتب السماوية كالقول بدوران الارض ونحوه ويقيمون على ذلك ادلة يعسر على الانسان ردها وسباتى لنا كثير من بدعهم وننبه عليها فى محالها ان شا الله ولنقل هنا ان كتب الفلسفة بسايرها محشوة بكثير من هذه البدع

نحينئذٍ يجب على من اراد للخوض فى الكتب الفرنساوية المشتملة على شى من الفلسفة ان يتمكن من الكتاب والسنة حتى لا يغتر بذلك ولا يغتر عن اعتقاده. والا ضاع يقينه ـــــــــه

(D) وقال بعض علما الافرنج ان القول بدوران الارض واستدارتها لا يخالف ما وردت به الكتب السماوية. وذلك لان الكتب السماوية قد ذكرت هذه الاشيا فى معرض وعظ ونحوه جرياً على ما يظهر للعامة لا تدقيقًا فلسفيًا مثلا ورد فى الشرع ان الله تعالى وقف الشمس فالمراد بوقوف الشمس تأخير غيابها عن الاعين وهذا يحصل بتوقيف الارض وانما اوقع الله الوقوف على الشمس لانها هى التى يظهر فى راى الاعين سيرها انتهى فظاهر كلامه انه ارتكب غاية التاويـــــــــل

A. CAUSSIN DE PERCEVAL.

www.ingramcontent.com/pod-product-compliance
Lightning Source LLC
Chambersburg PA
CBHW060550050426
42451CB00011B/1836